*¡A los ositos estudiantes les
encanta aprender cosas!
Por eso, seguramente
en cada página hay uno
que asoma la nariz...
¡A ver si lo encuentras!*

los Contrarios

Arianna Candell - Francesc Rovira

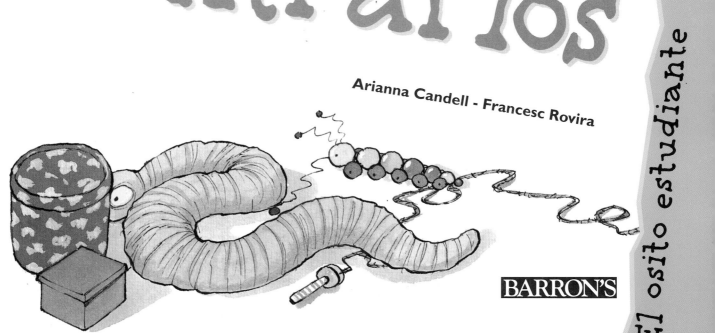

BARRON'S

El osito estudiante

Semejantes o contrarios

Dos cosas pueden ser muy semejantes o casi iguales, pero
cuando son muy, muy diferentes, decimos que son contrarias.
¿Verdad que el color blanco es muy diferente del negro?
Pues por eso decimos que son colores contrarios.
Entre la nieve y el carbón, ¿cuál dirías que es blanco y cuál negro?

Contrario = opuesto

Casi todas las cosas tienen su contrario, que es
exactamente su opuesto. Nos podemos beber
la leche caliente o fría, y caliente
es la contraria de fría.
A ti, cuando tomas leche,
¿te gusta caliente o fría?

Dulce - salado

El chocolate, los caramelos
y el azúcar son dulces; la sal,
las aceitunas y el jamón son salados.
Por lo general, los bocadillos son
salados. ¿Cómo crees que es un
pastel de nata, dulce o salado?

Grande-pequeño

Si pusiéramos uno al lado
del otro un hipopótamo
y una rana, los veríamos muy
diferentes: el hipopótamo
es grande y la rana, pequeña.
¿A ti qué te parece
más pequeño, un árbol
o una flor?

En verano llevamos poca ropa; en invierno, en cambio, nos abrigamos mucho... ¡e incluso llevamos gorro y bufanda! En verano hace calor, en invierno hace frío. ¿Tú cuándo tienes más vacaciones, en verano, cuando hace calor, o en invierno, cuando hace frío?

Frío - calor

Día - noche

Lo contrario del día es la noche.
De día vemos perfectamente, hay
claridad y no es necesario encender
la luz; por la noche está oscuro, el sol
se ha escondido y brillan las estrellas.
¿Tú cuándo duermes, de noche
cuando está oscuro, o de día,
cuando brilla el sol?

Cobarde - valiente

Un cobarde es alguien que siempre tiene miedo; en cambio, los valientes pocas veces lo tienen. ¿Te asusta ver volar una mosca? ¿Y cuando retumban los truenos durante una tormenta? ¿Cuándo crees que eres valiente o cobarde?

Jugar con la nieve, a perseguirse o ver las páginas de un cuento es muy divertido, pero estar sentado sin hacer nada es muy, muy aburrido. Para no aburrirte, ¡adivina contrarios con un amigo!

Divertido - aburrido

Grueso - delgado

¿Te has fijado en el montón
de cojines y colchones en el dibujo al
lado? Hay un colchón grueso para
poder saltar sobre él y otros
más delgados que se pueden doblar.
¿Dónde prefieres dormir, en
un colchón grueso, o bien
en uno delgado?

Un paisaje verde, con árboles, montañas y ríos, es muy
bonito; un paisaje gris, lleno de humo y suciedad, es muy feo.
¿Por qué no haces un bonito dibujo, con muchos colores,
y lo cuelgas en tu habitación como si fuese una ventana?

Bonito - feo

Ruido - silencio

Cuando paseas por una calle llena de coches
y de gente hay mucho ruido, pero si te tumbas
en un prado donde no haya nadie, podrás oír
el silencio. En tu casa, ¿trabajas a veces sentado
y en silencio, o siempre haces ruido?

Cuando ha llovido mucho y hay barro
en las calles y caminos, nos ensuciamos
mucho los zapatos, pero si los frotamos
en la esterilla antes de entrar en casa,
seguro que nos quedarán limpios.

Limpio - sucio

¿Te lavas bien las manos antes de cada
comida para dejártelas limpias?

Cuando llevas a la escuela una caja de galletas y las repartes entre tus amigos, en seguida se queda vacía. En cambio, cuando compras un cucurucho de helado, ¡seguro que pides que te lo den bien lleno! ¿O tal vez lo prefieres vacío?

Lleno - vacío

Alto - bajo

Sin duda habrás visto partidos de baloncesto. ¿Te has fijado en los jugadores? Son muy altos, ¿no te parece? Como aún tienen que crecer más, los niños y las niñas son muy bajos, comparados con ellos. Para sentirte alto, ¿por qué no le pides a tu padre que te suba sobre sus hombros un ratito?

Corto - largo

Fíjate en la niña del dibujo.
¿Has visto qué largo lleva el cabello?
En cambio, su hermano menor
lo lleva muy corto.
¿Tú cómo lo llevas, corto o largo?
¿Puedes hacerte coletas?

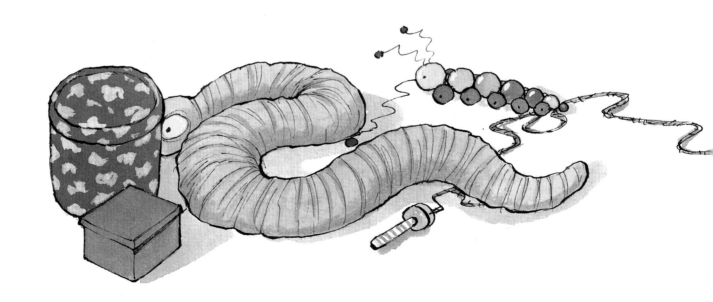

Actividades

 ## El juego de adivinar contrarios

Como ya has aprendido muchas cosas que son contrarias, ahora puedes jugar con algunos amiguitos a adivinar parejas de contrarios. Para ello, uno de ustedes debe pensar una palabra (por ejemplo, CALOR) y los demás tienen que adivinar cuál es su pareja contraria. El primero que diga FRÍO habrá ganado y será quien piense la palabra siguiente, cuyo contrario deberán acertar los otros participantes.

Parejas contrarias

Traza una línea en el centro de una hoja de papel. En un lado puedes dibujar un niño que sale a pasear un día de lluvia, y en el otro, ese mismo niño que sale de paseo un día soleado. En el dibujo de la lluvia puedes representar al niño con paraguas y botas de agua mientras anda sobre los charcos. Al del dibujo del sol lo puedes pintar con gafas de sol, gorra de visera y camiseta de manga corta. Con esto ya tienes el primer dibujo de contrarios. ¡Seguro que se te ocurren muchos más!

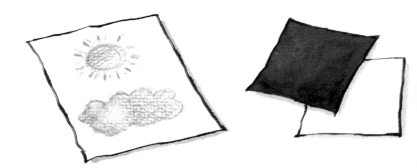

¿Cuál es cuál?

En el juego siguiente te daremos dos palabras cada vez. Luego te haremos una pregunta, para que pienses cuál de esas dos palabras es la respuesta correcta.

• Gusano / serpiente: ¿cuál es el largo?

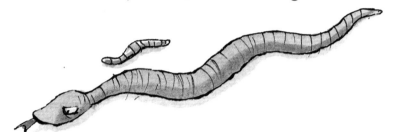

Tienes que responder que es la serpiente, porque tiene un cuerpo muy largo que le permite llegar a todas partes.

• Fuego / hielo: ¿cuál es el frío?
• Montaña / garbanzo: ¿cuál es el pequeño?
• Jirafa / ratón: ¿cuál es el alto?
• Día / noche: ¿cuál es el oscuro?
• Hipopótamo / ciervo: ¿cuál es el grande?
• Príncipe / bruja: ¿cuál es el feo?

¿Es dulce o salado?

En este juego participan dos niños. A uno de ellos se le vendan los ojos, mientras que el otro tiene ante sí una serie de trocitos de comida que una persona mayor le habrá ayudado a preparar. ¡Ya puede empezar el juego! El de los trocitos de comida los irá poniendo en la boca del que tiene los ojos vendados,

a ver si adivina si son dulces o salados. Los trozos, que se alternarán, deben ser de diferentes alimentos: queso, galletitas dulces y saladas, chocolate, aceitunas, cerezas...
Es conveniente que quien debe adivinar el sabor beba traguitos de agua entre un trozo y el siguiente, porque eso le ayudará a distinguir los gustos.

Ideas para los adultos

Contrarios, semejantes, iguales...

Al principio, es posible que el niño o la niña no acabe de comprender la diferencia terminológica entre contrarios, diferentes, semejantes e iguales. Es importante insistir hasta que lo asimile, por medio de ejemplos de cosas que sean iguales, como dos naranjas, cosas semejantes, como dos modelos distintos de coche, o bien, de cosas contrarias, como el día y la noche. Para que lo entienda bien, deben presentársele abundantes ejemplos de su vida diaria. Hay que tener muy en cuenta un posible malentendido: hay cosas semejantes, cosas iguales y cosas contrarias, pero no todo lo que es diferente es contrario. Para que dos cosas sean contrarias, tienen que ser del todo opuestas. Para que el niño o la niña comprenda que se trata de contrarios y no de cosas tan sólo diferentes, es importante explicarle que únicamente se habla de contrarios cuando por el mero hecho de afirmar uno ya se está negando el otro; en otras palabras, que si se dice de un coche que es veloz, se sobreentiende que no es lento. De hecho, así es como funcionan los contrarios.

Otros sabores

Cuando los pequeños comiencen a dominar ya el contraste de sabores entre dulce y salado, se les puede llevar a otros gustos, como el ácido y el amargo. Dado que estos sabores no son tan de su agrado, los conocen menos y les costará algo más identificarlos, pero a fuerza de insistir acabarán por reconocerlos. Al momento de haberse familiarizado con ellos, se añadirán al juego "¿Es dulce o salado?". De esta forma, el juego irá ganando en complejidad progresivamente.

Otros contrarios

Hay muchas otras parejas de contrarios a los que no nos hemos referido porque implican un grado superior de dificultad; de todos modos, una vez se haya hablado de los contrarios del libro y se hayan comprendido, nada impide ir introduciendo nuevas parejas de contrarios como rápido y lento (con alusión a un gato y una tortuga); fácil y difícil (buscando ejemplos adecuados a su capacidad); simpático y antipático (con referencia a su propio comportamiento en determinadas ocasiones); vivo y muerto (aquí se puede hablar de plantas, o de los animales de algún reportaje, no es preciso recurrir a referencias de personas); laborioso y vago (en este caso cabe mencionar al propio niño, en cuanto a su actitud ante ciertas tareas); fuerte y débil (un león y un gusano); feliz y triste; reír y llorar; abierto y cerrado; despierto y dormido; seco y mojado, etc. Más adelante se introducirán los contrarios relativos a la situación: encima y debajo; arriba y abajo; derecha e izquierda; delante y detrás. Lo esencial, más que el hecho de que sepan muchos contrarios, es que los asimilen y comprendan cómo funcionan, lo cual siempre requiere buscar ejemplos de la vida cotidiana.

First edition for the United States, Canada,
its territories and possessions published
in 2004 by Barron's Educational Series, Inc.
© Copyright 2004 by Gemser Publications, S.L., El
Castell, 38, 08329 Teiá, Barcelona, Spain. World Rights.

Author: Arianna Candell
Illustrator: Francesc Rovira

All inquiries should be addressed to:
Barron's Educational Series, Inc.
250 Wireless Boulevard
Hauppauge, NY 11788
http://www.barronseduc.com

International Standard Book Number 0-7641-2993-7
Library of Congress Catalog Card Number 2004102082

Printed in Spain
9 8 7 6 5 4 3 2 1

El osito estudiante

Títulos de la colección *El osito estudia*

- Los números
- Los colores
- Las formas
- Los contrarios